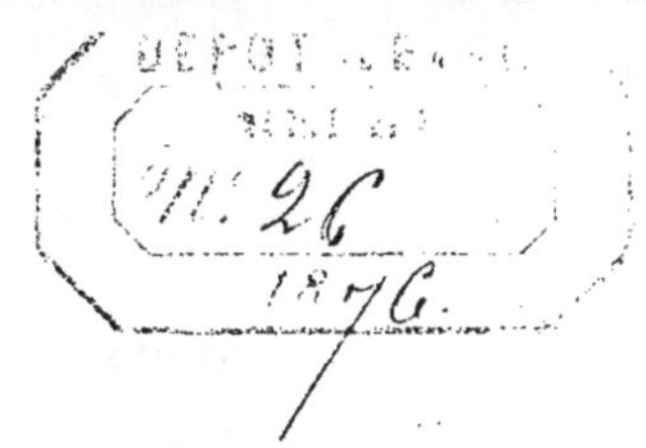

LA MISÈRE,

SES CAUSES,

MOYENS D'Y REMÉDIER;

Par L.-Ch. BONNE, Avoué,

Juge suppléant au Tribunal civil de Bar-le-Duc, Docteur en droit, Officier de l'Instruction publique.

Ouvrages du même auteur :

Traité élémentaire et pratique de droit français à la portée de tout le monde. 1 fort vol. in-12. Prix : 5 fr.; par la poste, 5 fr. 50.

Législation usuelle (Cours de). Troisième édition, conforme au programme officiel de 1866 pour l'enseignement secondaire spécial, troisième et quatrième année. 1 vol. in-18 .... 3 50

Le Questionnaire, placé au bas de chaque page, en fait *un ouvrage classique aussi utile aux maîtres qu'aux élèves.*

Premiers éléments de droit usuel et pratique *pour les écoles primaires et les cours d'adultes*, suivis d'un formulaire des actes les plus simples. 1 vol. in-12 cartonné.. » 80

Cet ouvrage est un abrégé du *Cours de législation usuelle*. Un Questionnaire placé au bas de chaque page en fait un ouvrage tout à fait classique.

Leçons élémentaires de droit commercial à l'usage des écoles primaires supérieures et des écoles professionnelles. Nouvelle édition. 1 vol. in-18 broché.. 1 »

Cet ouvrage est un abrégé du *Cours de législation usuelle* en ce qui concerne les matières dont la connaissance est indispensable aux commerçants.

Cours élémentaire d'économie sociale et industrielle, à l'usage des lycées, des colléges et des écoles primaires, rédigé d'après le programme de l'enseignement secondaire spécial. Prix, cartonné................. 1 »

Ouvrage récompensé par la Société d'encouragement au Bien.

Abrégé en forme de Catéchisme pour les enfants. Prix....... » 25

Ces deux ouvrages sont approuvés pour toutes les Bibliothèques scolaires de France.

Explication de la loi du 23 août 1871, **sur les nouveaux droits d'enregistrement et de timbre**, relatifs aux *locations verbales et par écrit*, et aux *quittances et effets de commerce.* 1 vol. in-12 broché .... » 60

Explication de la loi du 27 juillet 1872, **sur le recrutement de l'armée.** 1 vol. in-12 broché .... » 70

Supplément contenant les décrets et instructions ministérielles relatifs aux engagés conditionnels d'un an. Piqûre in-12.......................... » 20

Etude sur le morcellement de la propriété, suivie de notions élémentaires sur l'échange. 1 vol. in-18 broché.............................. 1 »

Ouvrage couronné par l'Académie nationale.

Conseils aux parents qui font à leurs enfants le partage de leurs biens sous la réserve d'une pension viagère. Broch. in-8°. Prix........... » 50

Mémoire couronné, en 1863, par la Société d'Agriculture, Sciences et Arts de la Marne.

Conseils aux vendeurs et aux acquéreurs d'immeubles. Prix.. » 50

Cette brochure indique très-clairement les formalités que le vendeur et l'acheteur doivent remplir : le premier pour conserver son privilége et son action résolutoire, le second pour ne pas être évincé par un autre acquéreur du même immeuble, et pour ne pas être exposé *à payer une seconde fois son prix d'acquisition.* C'est donc un livre indispensable à tous les propriétaires.

La forme classique, par demandes et par réponses, adoptée par l'auteur, le met en outre à la portée de tous les enfants et des jeunes gens qui suivent les écoles primaires et les classes d'adultes.

Cours élémentaire et pratique de morale, d'après le programme de l'enseignement secondaire spécial. 1 vol. in-18 jésus, cartonné..... » 85

Cartonné avec luxe à l'anglaise.................................. 1 20

Cet ouvrage a été couronné par la *Société d'Encouragement au Bien.* Approuvé par plusieurs Evêques, M. le Ministre de l'Intérieur l'a honoré d'une souscription pour les bibliothèques des prisons.

Ce que c'est que le devoir. Prix, cartonné................. » 60

Cartonné avec luxe à l'anglaise pour étrennes et pour prix........ » 70

Cartonné en percaline.. 1 10

Ouvrage approuvé et récompensé par la Société d'Encouragement au Bien.

Cet ouvrage, conçu sur le même plan et dans le même esprit que le précédent, est un livre de lecture courante spécialement destiné aux enfants des classes préparatoires.

Il diffère du *Cours de morale* en ce que chaque précepte est suivi de plusieurs histoires propres à les fixer dans la mémoire des enfants ; c'est donc tout à la fois un livre instructif et un cours complet de morale.

Ces deux ouvrages cartonnés en toile gauffrée conviennent pour prix dans les classes élémentaires.

Moyen d'augmenter la recette du timbre et de l'enregistrement **sans créer un nouvel impôt**.. » 50

Les Grèves, moyens de les prévenir. Brochure................. » 50

LA MISÈRE,

SES CAUSES,

MOYENS D'Y REMÉDIER;

Par L.-Ch. BONNE, Avoué,

Juge suppléant au Tribunal civil de Bar-le-Duc, Docteur en droit, Officier de l'Instruction publique.

(Extrait des *Mémoires* de la Société des Lettres, Sciences et Arts de Bar-le-Duc, tome V, année 1875.)

BAR-LE-DUC, IMPRIMERIE CONTANT-LAGUERRE.

LA MISÈRE,

SES CAUSES,

MOYENS D'Y REMÉDIER.

> « L'ivrogne arrivera à la pauvreté et la paresse revêtira l'homme de haillons. »
> « La main du travailleur le fera vivre. »
> (SALOMON, *Prov.*)

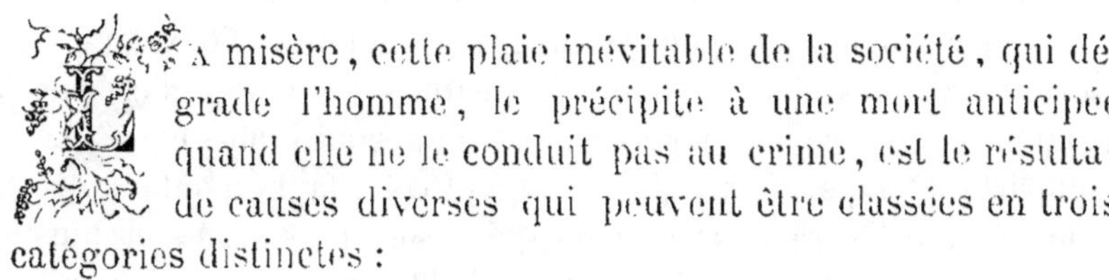

La misère, cette plaie inévitable de la société, qui dégrade l'homme, le précipite à une mort anticipée quand elle ne le conduit pas au crime, est le résultat de causes diverses qui peuvent être classées en trois catégories distinctes :

1° Les unes sont permanentes, telles que la vieillesse, les infirmités incurables, l'incapacité physique et intellectuelle;

2° Les autres sont accidentelles, comme les maladies, les sinistres, le manque de travail, l'insuffisance des récoltes;

3° Enfin, d'autres sont volontaires, telles que la paresse, l'ignorance, l'abandon de l'agriculture pour l'industrie des villes, et l'inconduite.

Par *inconduite*, nous entendons tous les vices qui se révèlent sous des formes diverses, qui naissent de l'oubli des devoirs et surtout de l'absence du sentiment religieux.

Au premier rang nous placerons l'*intempérance*.

Il ne faut pas hésiter à le proclamer hautement, c'est elle qui est la cause la plus affreuse, la plus persistante de la misère.

Les habitudes de débauche, la fréquentation des cabarets, le chômage du lundi et tant d'autres vices que nous ne pouvons pas énumérer, naissent tous de l'intempérance.

Les catastrophes qui amènent la ruine ne sont jamais que momentanées et accidentelles; on peut, à force de travail, d'ordre, d'économie, réparer les désastres d'un incendie, d'une inondation, d'une guerre; mais jamais on ne se soustrait à la misère causée par l'intempérance.

L'intempérance enlève à l'homme sa dignité, elle absorbe les plus grandes fortunes, elle prive l'ouvrier de sa force et de son intelligence, c'est-à-dire, des deux seuls éléments de production qu'il possède; elle fait de lui un être inutile qui tombe tôt ou tard à la charge de sa famille et de la société.

Nous avons indiqué comme une des causes de la misère, l'*abandon de l'agriculture* pour courir au devant des travaux de l'industrie. Cette assertion est facile à justifier.

Le sentiment qui pousse un grand nombre d'ouvriers à abandonner les champs pour aller habiter les villes, n'est pas toujours le désir et l'espoir de gagner un salaire plus élevé. La plupart du temps, ceux qui commettent cette faute n'ont d'autre mobile que l'attrait des plaisirs qui y sont plus variés et plus faciles qu'au village, et la certitude d'obtenir, dans les mauvais jours, les secours de la charité.

Mais combien de déceptions n'attendent pas le malheureux qui commet cette imprudence.

Si les travaux des champs sont plus pénibles, moins rémunérateurs, ils sont plus réguliers, ils procurent continuellement de l'ouvrage, ils n'exposent pas le travailleur aux accidents, aux infirmités, aux maladies, aux chômages que les ouvriers des villes ne peuvent pas toujours éviter.

Au village, il est plus facile d'être sobre, de conserver sa santé, de faire des économies, parce que toutes les denrées y sont moins chères.

L'ouvrier y est plus fort, plus robuste, moins exposé aux maladies; aussi est-il très-rare qu'il y rencontre la misère qui accable fréquemment l'ouvrier des villes.

Ces faits incontestables devraient suffire, non-seulement pour retenir au village ceux qui ont eu le bonheur d'y recevoir le jour, mais encore pour y attirer les travailleurs qui manquent d'ouvrage à la ville, et qui en trouveraient au milieu des populations de la campagne heureuses de les accueillir.

Envisagées sous un autre rapport, les causes des deux premières classes sont des événements qu'il n'est pas toujours au pouvoir de l'homme de prévoir ni d'éviter, tandis que celles de la troisième catégorie, au contraire, peuvent être imputées à ceux-là mêmes qui en sont victimes.

En effet, s'il n'est pas toujours possible de se soustraire aux conséquences fâcheuses des maladies, de la vieillesse, des sinistres et des fléaux qui ravagent les campagnes ou qui, en ralentissant le commerce et l'industrie, privent les ouvriers d'ouvrage, aucune excuse ne peut être invoquée en faveur de la misère qui naît de l'ignorance, de la paresse et de l'inconduite. La raison de cette juste sévérité est facile à comprendre. La Société donne gratuitement l'instruction primaire à tous ceux qui n'ont pas le moyen de la payer; ceux que leur intelligence, leur aptitude et une ferme volonté poussent vers des régions plus élevées, trouvent même gratuitement l'instruction secondaire et l'instruction supérieure des écoles du Gouvernement; il n'est donc plus permis de rester ignorant.

On comprend dès lors que la misère résultant de la paresse et de l'inconduite soit peu digne de pitié, et que si la religion et la morale nous obligent à soulager les malheureux, sans rechercher les causes de leur misère, la société doit avoir le droit de punir les mendiants valides qui prélèvent injustement à leur profit une partie des ressources que la charité privée destine aux indigents vraiment dignes d'intérêt.

Ce que fait la Société pour remédier aux causes permanentes et accidentelles de la misère.

Nous venons d'indiquer sommairement les causes de la misère, voyons ce que fait la Société pour les détruire, pour résister au mal et pour le guérir quand elle n'a pu l'atteindre dans son germe.

Jamais la société ne s'est autant préoccupée que depuis quelques années de lutter contre les causes de la misère, et de soulager par tous les moyens possibles les malheureuses victimes de ce fléau.

Si nous jetons un coup d'œil rétrospectif sur la société antique et païenne, nous voyons les pauvres, les infirmes abandonnés à leur misère, à leurs souffrances; les classes privilégiées les repoussent avec mépris comme des êtres inutiles et dangereux qu'il faut retrancher de la société.

A Rome, dans cette ville devenue si célèbre par ses vertus guerrières et par le génie de ses poètes et de ses orateurs, on se débarrasse des pauvres, des esclaves devenus vieux et infirmes, en les faisant mourir, en les livrant aux bêtes féroces, en les jetant en pâture aux poissons.

Le Christ apparaît, il fonde cette religion sublime qui devait défier toutes les persécutions et grandir de jour en jour, de siècle en siècle, et la condition des pauvres est à l'instant même modifiée.

Jesus-Christ les réhabilite en naissant et en restant pauvre, en vivant au milieu d'eux, en les appelant les meilleurs amis de Dieu et en annonçant que le royaume des cieux leur est réservé.

Des églises s'élèvent rapidement, et dans chacune d'elles une part est prélevée pour les pauvres sur les ressources données par les chrétiens pour les besoins du culte. A côté des églises, on fonde des hôtels-Dieu, maisons de charité où l'on recueille les pauvres pour les héberger, les nourrir et les soigner.

Depuis plus de dix-huit siècles, la charité inaugurée par la religion chrétienne, guidée continuellement par elle, envahissant le monde entier, s'étend tous les jours sur des bases plus larges et plus solides.

Et partout, quels hommes, quelles femmes voyons-nous à la tête des établissements de charité, des hospices et des hôpitaux, pour seconder les médecins? des prêtres, des ministres de la religion chrétienne, des vierges vouées au célibat, auxquelles leur mission a fait donner un nom vénéré de tous : *Sœurs de charité*.

Ainsi, c'est la religion chrétienne qui a fondé la charité, et c'est encore avec son concours que la société la pratique aujourd'hui.

Et que demande-t-elle aux pauvres en retour de ce qu'elle fait pour eux? un peu de reconnaissance et de respect pour la religion, pour ses ministres et pour tous ceux qui suivent ses préceptes en pratiquant la charité.

De tous les remèdes imaginés, les uns sont préventifs et consistent à empêcher l'invasion du mal, les autres sont curatifs et consistent à soulager les malheureux qu'on n'a pu y arracher.

Au nombre des moyens préventifs nous trouvons l'instruction gratuite, les caisses d'épargnes, la caisse de retraites pour la vieillesse, les conseils d'hygiène, les sociétés de secours mutuels, et toutes les associations qui ont pour but d'encourager au bien, de protéger la faiblesse humaine contre toutes les mauvaises inspirations qui peuvent la détourner de la voie du devoir.

Les caisses d'épargnes et les sociétés de secours mutuels sont tout à la fois des moyens préventifs et des remèdes contre la misère.

Les sociétés de secours mutuels obligent les associés qui en font partie, à verser toutes les semaines ou tous les mois une cotisation prélevée sur le salaire journalier. Elles produisent donc sous ce rapport le même résultat que les caisses d'épargnes, c'est-à-dire, qu'en forçant l'ouvrier à économiser régulièrement le montant de la mise sociale, elles le protégent contre les occasions de dépenser cette économie.

Mais au lieu de rendre comme les caisses d'épargnes la somme déposée, augmentée des intérêts, à la volonté des déposants, elles donnent des secours en argent, des médicaments, et les soins d'un médecin, quand une maladie ou un accident empêche l'ouvrier de travailler. Celui qui ne se trouve jamais dans cette position malheureuse, ne retire de sa cotisation d'autre satisfaction que celle de contribuer à une œuvre de bienfaisance utile à ses semblables. Mais celui que l'adversité accable, trouve dans les jours de malheur des soulagements auxquels il a droit, qu'il a contribué à organiser lui-même par ses petites économies et qu'il serait obligé, sans cette ressource, de demander à l'assistance publique ou à la charité privée.

En prélevant tous les ans une faible somme sur le produit de son travail et en la déposant à la caisse de retraites pour la vieillesse, l'ouvrier laborieux et économe pourra se créer, pour ses vieux jours, une rente proportionnée à la somme qu'il aura confiée à cette pieuse institution.

Mais les moyens préventifs sont insuffisants, ils sont d'ailleurs impuissants pour prévenir la misère résultant des causes permanentes ou accidentelles; aussi la société s'occupe-t-elle activement de soulager ceux qu'elle n'a pu soustraire au mal.

Les institutions destinées à secourir les malheureux, sont les hospices et les hôpitaux où l'on reçoit gratuitement les infirmes, les malades et les vieillards, qui ne peuvent subvenir à leurs besoins.

Les bureaux de bienfaisance qui distribuent des secours à domicile à ceux qui se trouvent dans les mêmes conditions ou qui sont momentanément privés d'ouvrage.

Les maisons de retraite, où l'on peut être admis à un certain âge, moyennant le versement d'un capital ou d'une rente viagère.

Les sociétés maternelles, destinées à pourvoir aux besoins

des mères indigentes, afin de les encourager et de les aider à allaiter leurs enfants.

Les crèches, les salles d'asile, destinées à soulager les mères qui ne peuvent garder elles-mêmes leurs enfants.

Les crèches reçoivent les enfants au-dessous de deux ans, les salles d'asile ceux qui ont moins de six ans.

Les orphelinats, où l'on élève les enfants abandonnés par leurs parents.

Les monts-de-piété, qui prêtent sur gage aux malheureux qui se trouvent momentanément gênés.

Les maisons de refuge, les dépôts de mendicité, où l'on recueille les indigents, en les occupant suivant leur aptitude et leurs forces.

Les fourneaux économiques, qui procurent aux malheureux, à des prix inférieurs à sa valeur réelle, une nourriture saine. Enfin, les établissements destinés à recueillir les aveugles, les sourds et muets.

Nous avons vu précédemment que le travail est une nécessité et un devoir imposés à l'homme par le Créateur du monde. Le travail est la première source de la fortune, un élément de moralisation et de bonheur. La société ne doit pas négliger une seule occasion de rappeler ces vérités à ceux qui les ignorent ou qui les oublient. C'est pourquoi elle en fait toujours, quand c'est possible, une condition des secours qu'elle accorde.

C'est donc en excitant chez les individus l'amour du travail, l'esprit d'ordre et d'économie, en leur offrant la perspective de sortir de la terrible position où ils se trouvent, que la bienfaisance publique parvient à concilier tout à la fois les devoirs de la société avec les droits de l'humanité.

En outre de ces institutions publiques destinées à soulager les malheureux, la charité privée s'exerce sous les formes les plus variées; toujours en tendant au même but, qui consiste à instruire, à moraliser, à détruire les vices qui détournent du travail et qui en dissipent les produits. Les unes s'occupent plus particulièrement des enfants de l'un et de l'autre sexe, celles-ci des jeunes filles, telles autres des femmes, des vieillards; d'autres enfin forment un patronage destiné à guider les jeunes ouvriers dans le choix d'un état, et à les protéger contre toutes les séductions qui pourraient les détourner de leur travail.

La société fait donc largement ce qu'il est possible de faire pour prévenir la misère, et pour soulager les malheureux qu'elle n'a pu y soustraire.

Les sommes qu'elle dépense tous les ans en charités de toutes sortes s'élèvent à 60 millions environ, prélevés sur la fortune des riches et des travailleurs.

Ce que chaque individu doit faire pour éviter la misère.

Nous venons de voir ce que fait la société pour prévenir la misère et pour la combattre quand elle n'a pu s'opposer à son invasion. Voyons maintenant ce que chaque individu doit faire lui-même, quand il le peut, pour se soustraire à ce fléau, sans avoir recours à ses semblables.

Au nombre des premiers moyens préventifs offerts par la société, nous avons vu l'instruction. C'est en effet dans l'ordre logique le premier moyen qui s'offre à nous pour nous préserver dans l'avenir des horreurs de la misère.

L'instruction, en développant notre intelligence, en augmentant nos connaissances, en mettant à notre disposition les ressources de la science, en nous faisant connaître les procédés nouveaux, augmente nos forces intellectuelles et nous met à même de travailler plus utilement.

Le travail, nous l'avons constaté, est la source de la propriété et du capital : plus on travaille, plus on produit, plus on gagne, et plus on peut, par conséquent, augmenter ses ressources.

Le travail est donc le moyen le plus sûr pour éviter la misère, et l'on peut affirmer que jamais un homme laborieux ne tombera à la charge de ses semblables.

Si nous considérons en outre que le travail, en nous conduisant à la fortune, nous procure toujours l'estime des autres et de nous-mêmes, qu'il éloigne de nous les tentations de faire le mal, nous devrons reconnaître que c'est la source la plus certaine et la plus pure du vrai bonheur.

Mais le travail seul ne suffit pas pour atteindre ce but ; il doit être secondé par trois qualités sans lesquelles il ne donnerait le plus souvent qu'un aliment puissant à l'inconduite ; nous voulons parler de l'*ordre*, de la *propreté* et de la *tempérance*.

Ordre.

L'ordre nous apprend à nous procurer d'abord les choses nécessaires à la vie avant de rechercher celles qui peuvent être utiles sans être indispensables.

Sans doute il est agréable d'habiter une belle maison, d'avoir de beaux meubles, de beaux vêtements, de bien vivre, de se donner les plaisirs que les riches peuvent payer ; mais pour arriver à se procurer ce bien-être, il faut commencer modestement, savoir se contenter de peu dans les premiers jours, s'imposer même des privations, faire honneur à tous ses engagements, payer les dettes que l'on a contractées et ne se considérer comme propriétaire de la somme que l'on va dépenser, que quand on ne doit rien à personne.

Celui qui se soumettra à cette loi inexorable, aura la certitude d'éviter la misère et d'arriver à l'aisance, quelquefois même à la fortune. Mais malheur à celui qui la méconnaîtra, qui la trouvera trop rigide. L'argent que l'on dépense inutilement quand on n'a pas le nécessaire ou quand on a des dettes, porte malheur : celui qui commet cette faute, qui se permet des dépenses somptueuses au lieu de procurer le nécessaire à sa famille, ou d'acquitter les dettes qu'il a contractées, manque d'ordre et marche à une ruine presque certaine.

Propreté.

Par la propreté, nous conserverons plus longtemps nos vêtements et tous les objets dont nous avons besoin, nous diminuerons donc notre dépense.

Cette qualité, qui entretient la santé du corps et qui prévient un grand nombre de maladies, a aussi une plus grande influence qu'on ne le croit généralement sur la prospérité des individus.

L'ouvrier qui, avec un peu d'eau et un coup de brosse entretient la propreté de son visage, de ses mains, de ses vêtements, a la certitude d'être toujours bien accueilli partout où il se présente. Nous pourrions au contraire en citer plus d'un qui, pour avoir négligé ce soin, se sont vu refuser un emploi lucratif qu'ils n'ont jamais retrouvé.

Tempérance.

Si l'intempérance est la source de toutes les maladies et de la misère, la tempérance est une vertu qui conduit infailliblement à l'aisance et souvent à la fortune.

L'homme tempérant ne consomme rien inutilement, il ne dépense que ce qui lui est nécessaire pour vivre, et il lui reste presque toujours une part de son salaire à déposer à la caisse d'épargnes, afin de former une réserve pour le jour où le travail manquera.

Le plus difficile n'est pas toujours de gagner un salaire largement rémunérateur, il faut encore savoir employer sagement le produit de son travail.

La caisse d'épargnes, en donnant aux ouvriers la possibilité de placer sûrement chaque semaine leurs économies, les protége contre la tentation de les dépenser inutilement, et leur permet de trouver, le jour où ils en ont besoin, une réserve qui aurait pu être dissipée sans cette admirable institution.

« De l'argent à la caisse d'épargnes donne du courage, on
» ne craint plus ni la misère ni la honte d'avoir recours à
» d'autres quand l'ouvrage manque, ou devient moins abon-
» dant.

» L'ouvrier qui a un livret de la caisse d'épargnes, n'a pas » besoin d'autre certificat de moralité, et celui-là est le plus » beau, le plus honorable qu'il puisse présenter, car il ne le » doit à personne, il ne lui a fallu ni prière, ni protection pour » l'obtenir, c'est à lui seul qu'il le doit, et cette preuve authen- » tique de sa bonne conduite n'a besoin d'être confirmée par » aucun autre témoignage. »

L'épargne est le commencement de toutes les fortunes petites ou grandes, peu importe qu'elle soit insignifiante au début, la persévérance, une volonté énergique, peuvent produire des résultats surprenants; ainsi, un sou par jour donne à la fin de l'année 18 francs 25 centimes; 20 centimes font 73 francs. Cette somme représente le loyer d'une chambre d'ouvrier.

Reconnaissons donc que plus d'un malheureux aurait à la fin de l'année un petit capital, s'il pouvait retrouver les sous dépensés inutilement en tabac et en boissons nuisibles à la santé!

L'assistance fait vivre le pauvre, l'épargne le rend heureux, parce qu'elle est le résultat d'une victoire remportée sur les mauvais instincts.

Pour épargner, il faut du courage, il faut s'imposer des privations, résister à ses passions, accomplir en un mot un de ces actes qui constituent la vertu et qui nous attirent toujours l'estime de la société.

Si l'on comprenait le bonheur de l'homme qui est parvenu seul, par ses propres forces, sans le secours des autres, à surmonter les obstacles qu'il a rencontrés, on serait, nous en sommes persuadé, tenté de l'imiter.

Sa dignité n'a subi aucun affront, il a souffert, mais il a su résister à la souffrance, il a eu le courage de s'imposer des privations, et il ne doit qu'à lui seul la fortune qu'il a acquise.

Loin de nous cependant la pensée de vouloir inspirer un sentiment égoïste à celui qui, pour éviter la misère ou pour en sortir, n'aura tendu la main à personne.

L'homme, quelle que soit sa position, contracte en venant au monde, dans un pays civilisé, une dette énorme envers la société, parce qu'il profite immédiatement de tous les avantages que procure la civilisation.

Qu'il ait reçu le jour dans une chaumière ou sous des lambris dorés, que son berceau soit d'or ou d'osier, que ses vêtements soient de bure ou de soie, tout ce dont il a besoin, tout ce qui lui est utile est le produit du travail de ceux qui sont venus au monde avant lui. Qu'il n'oublie jamais que tout ce qui a pu charmer sa vue depuis son enfance, toutes les jouissances matérielles et intellectuelles qu'il a pu éprouver, l'instruction qu'il a reçue, ont pour cause le travail, les peines, les sacrifices que d'autres se sont imposés, et il comprendra alors que personne dans la société ne peut se dire l'artisan exclusif de sa position.

Que si la valeur personnelle qu'il a acquise est le résultat de son travail, de son intelligence, de sa bonne conduite, ses ressources individuelles ont été complétées admirablement et sans qu'il y prît garde, par un élément puissant : le concours de la société tout entière; et si son cœur n'est pas fermé au sentiment de la reconnaissance, il trouvera dans cet élément de sa fortune et de sa prospérité, le motif de tous ses devoirs envers la société, et d'un dévouement sans bornes envers sa patrie.

Qu'il nous soit permis de citer en terminant quelques lignes dans lesquelles un magistrat éminent, M. de Magnitot, signale avec une précision qui n'admet pas de réplique, la principale cause de la misère, en indiquant en même temps le remède le plus efficace (1).

« Nous sommes amené à reconnaître, dit-il, et on reconnaîtra sans doute avec nous, que le point de départ de ces différentes causes se trouve avant tout dans l'affaiblissement du sens moral et religieux. Là où les populations ont renié leurs croyances ou perdu la foi, les habitudes de désordre et les excès de tout genre s'introduisent facilement dans les mœurs.

(1) *De l'assistance et de l'extinction de la mendicité*, par M. A. de Magnitot, page 332.

» Là, au contraire, où le sentiment religieux s'est conservé » dans sa force et dans sa pureté primitive, il est rare que les » mêmes écarts se produisent. L'action de l'administration y » est plus facile, la discipline publique et l'obéissance aux lois » sont mieux observées ; généralement l'esprit de famille règne » parmi les individus, par contre l'esprit public est meilleur, » le sens national, le patriotisme sont plus développés, tant il » est vrai que la religion seule peut inspirer les bons et » nobles sentiments, qu'elle seule est le principe de tout bien, » de toute vérité, et que le génie du mal, vaincu par son in- » fluence, est tout aussi impuissant à corrompre les masses » qu'à ébranler les convictions individuelles. »

Si la religion est le plus puissant des moyens préventifs contre la misère, elle est encore le remède suprême de ceux que ce fléau accable !

Quand malheureusement les forces humaines succombent devant des obstacles insurmontables, quand la vertu se trouve aux prises avec la misère, quand les efforts combinés de la société et de l'initiative individuelle n'ont pu prévenir le mal et qu'ils sont encore impuissants pour le repousser, elle donne aux malheureux une dernière consolation, l'espérance d'une vie meilleure.

Elle lui enseigne que la vraie patrie n'est pas en ce monde, que nous sommes les enfants de Dieu, placés par lui sur une terre d'exil, que tôt ou tard nous retournerons vers lui pour y vivre éternellement, que plus nous aurons souffert plus notre récompense sera grande, et qu'il ne nous demande qu'une chose pour nous combler de ses largesses éternelles, c'est de nous en rendre dignes en nous conformant aux prescriptions de sa loi.

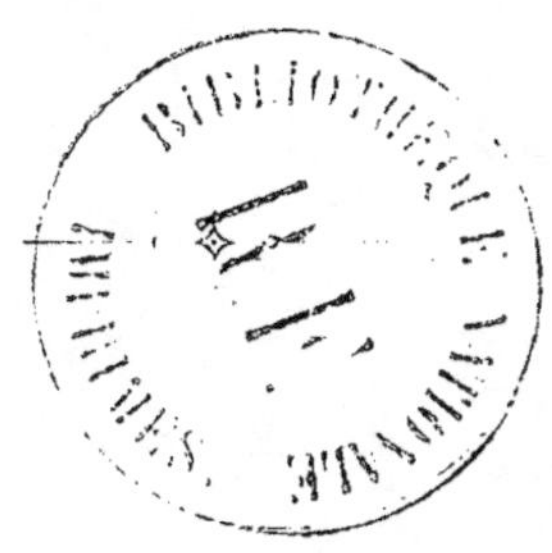

www.ingramcontent.com/pod-product-compliance
Lightning Source LLC
LaVergne TN
LVHW050515160826
845677LV00003B/1150

* 9 7 8 2 3 2 9 6 2 1 9 0 6 *